LA
ESPADA
DEL BUDA

LA
ESPADA
DEL BUDA

GAUTAM SACHDEVA

Prólogo escrito por
Ramesh Balsekar

YogiImpressions®

YogiImpressions®

LA ESPADA DEL BUDA

Publicado inicialmente en la India en el 2009 por
Yogi Impressions LLP
1711, Centre 1, World Trade Centre,
Cuffe Parade, Mumbai 400 005, India.
Página Web: www.yogiimpressions.com

Primera Edición, febrero 2009
Quinta Edición: noviembre 2017
Primera Edición en Español: Enero de 2021

Derechos de Autor @ 2009 Gautam Sachdeva

Diseño del libro: Priya Mehta

ISBN 978-81-949674-3-9

*Dedicado a la sabiduría del
Buda Manjushri*

Manjushri fue un discípulo iluminado del Buda Gautama. Es conocido como el Buda de la Sabiduría porque representa la sabiduría de todos los Budas. En su mano izquierda, en postura de enseñar el 'Dharma', sostiene un loto azul sobre el cual se encuentra el Sutra Prajnaparamita que habla acerca de la Perfección de la Sabiduría. En su mano derecha, sostiene una espada en llamas que simboliza el poder de la sabiduría para cortar a través de la ignorancia – la raíz de todo sufrimiento.

.

Este libro está basado en las enseñanzas de Ramesh Balsekar y en su ensayo, *El Propósito de la Vida*, escrito en septiembre del 2008.

Ramesh Balsekar es uno de los principales Maestros de Advaita, la filosofía india de la no-dualidad. Autor de más de treinta libros, él llevaba a cabo charlas diarias en su residencia en Mumbai con participantes de todo el mundo. Su enseñanza ha impactado muchas vidas.

TABLA DE CONTENIDO

PRÓLOGO

Recuerdo cuando conocí a Gautam Sachdeva, hace como nueve años.

Él me impactó, no tanto por su sobresaliente personalidad sino por la genuina humildad de su personalidad – a pesar del hecho de que él era un hombre de negocios exitoso que empezó prácticamente de cero ya que debió tomar el control del negocio a una muy temprana edad.

También quedé impactado con el hecho de que él estaba genuinamente interesado en el Advaita Vedanta, sin la actitud condescendiente que muchos hombres de negocios tienen hacia el Advaita. De hecho, él me recordó la ocasión en la que mi sobrino médico me llevó al hospital para un control de rutina. Cuando me presentaron ante el doctor de mayor rango, como un banquero con treinta y siete años de experiencia, que ahora daba charlas sobre Advaita

Vedanta, su respuesta inmediata fue *"¡Ah, Vedanta! Tan solo tengo cincuenta y seis años, pensaré en ello cuando sea realmente viejo."*

Durante los primeros años, cuando Gautam me visitaba todos los domingos en la mañana, noté que se mostraba muy interesado por el tema y pronto llegué a la conclusión de que el 'despertar' se había dado, y de que él estaba en camino a la 'liberación' - el despertar actuando en la vida cotidiana.

Cuando me mostró el manuscrito de este libro y me pidió que lo revisara, sentí mucha felicidad. Hace algún tiempo venía pensando que yo había escrito más de treinta libros, y que sería muy agradable leer un libro escrito por otra persona, alguien que realmente hubiera practicado la enseñanza.

Le di mis mejores deseos, pero al momento de decirlo, me quedó muy claro que no los necesitaría.

Ramesh Balsekar
24 de noviembre de 2008

LECCIÓN EN UNA TAZA DE TÉ

Un buscador espiritual que perseguía ansiosamente la iluminación y que había completado muchos años de práctica y estudio, sentía ahora que estaba listo para el 'toque final'. Así, salió a averiguar por el gurú que podría concederle la verdadera iluminación. Todos le dijeron a este hombre que en la cima de cierta montaña vivía un Maestro iluminado quien podría conferir la iluminación a sus discípulos. El buscador viajó a pie durante semanas para llegar a la cueva del Maestro en la cima de la montaña. Al llegar al final de su arduo camino cayó a los pies del Maestro y expresó su serio deseo de conseguir la iluminación. El buscador procedió a contarle al Maestro todo lo que había aprendido, la práctica a la que se había consagrado y todo lo que había experimentado; y también describió lo que él sentía que aún le hacía falta y necesitaba conseguir.

El Maestro escuchó en silencio. Cuando el buscador finalmente terminó la larga explicación acerca de sus experiencias espirituales, el Maestro dijo, "Tomemos una taza de té." El buscador conmocionado exclamó "¿Una taza de té?", "he practicado durante años, meditado durante años, lo he buscado durante meses, y caminado durante semanas para llegar a usted para que por fin me conceda la iluminación. No quiero una taza de té. ¡Quiero ser liberado!"

Sin embargo, el Maestro calmadamente insistió en que antes que nada su huésped tomara una taza de té. Colocando una taza en el piso, al lado del buscador, empezó a verter té caliente de la tetera a la taza. Cuando el té alcanzó el borde de la taza, el Maestro no dejó de verter el té. Más bien, continuó vertiendo aun cuando el té fluía sobre los lados de la taza, fuera del platillo y al piso de la cueva.

"¡Alto!" Gritó el buscador. "La taza está llena. No le cabe más. ¡Por favor deje de servir té!"

El Maestro se sentó y le dijo al buscador, "Usted es como esta taza de té. Está tan lleno de lo que cree que sabe, de lo que cree que ha logrado, de lo que cree que ha visto y de lo que cree que necesita, que no hay espacio para que yo le pueda enseñar algo. Mientras usted no vacíe su interior, mi enseñanza se perderá de la misma manera en que este té se pierde en el piso."

En el Tarot, el As de Espadas normalmente es mostrada como una espada de doble filo suspendida en el cielo; inspira temor, su deslumbrante hoja refleja numerosos rayos de luz. La carta de la sabiduría y el intelecto, simboliza la victoria espiritual, y una claridad de pensamiento sin compromiso.

Mientras esta victoria espiritual ciertamente traería paz y libertad, también puede haber dolor. Es una espada de doble filo.

El As de Espadas es la carta de nuevos comienzos – una manera fresca de ver la vida, una nueva vida que surge de las cenizas de la vida anterior, como el ave Fénix. ¿Y cómo surge una nueva vida de la vida anterior? ¿Podría ser a través de un cambio en la manera en que uno percibe la

vida y la existencia? De ser así, este cambio exigiría claridad acerca de lo que uno más desea en la vida.
4

Para tener claridad sobre lo que uno más desea, primero necesita claridad para ver y comprender los fundamentos principales de la vida y de la existencia.

"Ver es el único hacer

necesario."

– Ramesh Balsekar

LIBRE ALBEDRÍO – LA BASE DEL DIARIO VIVIR

Cuando cuestionamos los fundamentos de lo que conocemos como diario vivir, podemos llegar a una conclusión bastante sorprendente.

¿Qué es exactamente 'diario vivir' – en cada momento y en cada lugar en el mundo?

Obviamente, se debe comenzar con un ser humano enfrentando una situación, en un momento en particular. Enfrentar cualquier situación obviamente solo puede referirse a tener que decidir lo que uno quiere en ese momento y hacer lo que uno piensa que se debería hacer para lograrlo.

Esta es la base del diario vivir que es aplicable a cada ser humano en cada momento – a usted y a mi ahora, o al cavernícola que vivió hace miles de años.

La situación, desde luego, puede ser totalmente diferente, pero el diario vivir seguramente querrá decir: hacer exactamente aquello que uno cree que debería hacer, en cualquier situación.

El diario vivir, como lo entendemos, solo sucede porque el ser humano tiene libre albedrío para hacer aquello que él piensa o siente que debe hacer en cualquier circunstancia en particular. Es entonces inútil preguntar si el ser humano tiene libre albedrío. ¡Si no lo tuviese, el diario vivir no podría darse!

EL VALOR DEL LIBRE ALBEDRÍO -EN LO PRÁCTICO

S i continuamos con el análisis, encontraremos que aun cuando todos ciertamente deben tener libre albedrío, nuestra experiencia personal apunta a que lo que sucede después de ejercer el libre albedrío es que el efecto nunca se puede controlar. Lo que realmente sucede es que:

1. Algunas veces uno consigue lo que uno quería.
2. Algunas veces uno no consigue lo que uno esperaba.
3. Algunas veces, lo que uno consigue va más allá de las expectativas personales, para bien o para mal.

Es importante darse cuenta de que esto aplica tanto a una persona común y corriente como a un criminal. El criminal tiene tanto libre albedrío como cualquier otra persona, y es igualmente incapaz de saber realmente qué va a pasar una vez que haga uso de su libre albedrío.

Así que, aun cuando tenemos libre albedrío y podemos hacer lo que decidamos hacer en cualquier situación, la sociedad juzgará nuestras acciones exclusivamente en base al resultado de las mismas – una de las tres alternativas antes mencionadas. En base a lo que efectivamente suceda, la sociedad juzgará la acción como buena o mala, y recompensará o castigará a la persona involucrada según las costumbres sociales y las normas legales existentes.

Recompensa significa placer en el momento, castigo significa dolor en el momento – este es un hecho que la persona responsable de la acción debe aceptar si desea continuar viviendo en sociedad.

Esto es lo que claramente entendemos como diario vivir – situación tras situación; acción tras acción; el castigo o la recompensa de la sociedad; placer o dolor en el momento – día tras día.

Dos cosas quedan claras:

1. Que el ser humano efectivamente tiene libre albedrío para hacer lo que sienta que debe hacer en cualquier situación.
2. Que este libre albedrío no cuenta en la vida práctica porque sencillamente no tenemos control sobre los resultados de 'nuestras' acciones.

EL VALOR DEL LIBRE ALBEDRÍO -EN LA TEORÍA

Mientras descubrimos que el libre albedrío es inútil en la práctica, puede ser interesante descubrir si el libre albedrío tiene algún valor, al menos en teoría.

¿En qué se basa el libre albedrío? ¿Cómo decido qué hacer, para conseguir lo que quiero, en cualquier situación? ¿Y el criminal, en qué se basa para decidir lo que debería hacer?

Si analizas profundamente esta cuestión, llegarás a la conclusión que, en todos los casos, la base es la misma: tu libre albedrío se basa en dos factores – tus genes y tu condicionamiento.

Dado que no tuviste control alguno sobre haber nacido a ciertos padres en particular, por lo tanto, no tuviste control sobre tus genes.

Más y más investigaciones sacan a relucir la importancia que tiene el factor genético. Si una persona es generosa o no, depende de sus genes. Si pisotea a un grupo de hormigas o no, depende de sus genes. De hecho ¡nuevas investigaciones sugieren que si una persona es fiel a su pareja o no depende de sus genes! Así de poderoso es el factor genético.

La otra variable que afecta nuestro libre albedrío es el 'condicionamiento': Tal como no tuve control sobre haber nacido a ciertos padres en particular (y, por ende, no tuve control sobre mis genes), tampoco tuve control sobre haber nacido en cierto entorno geográfico y en un ambiente social en particular – clase alta, clase media o clase baja. Y este ser humano único que soy, ha sido bombardeado con condicionamiento desde el día uno; condicionamiento en casa, condicionamiento de la sociedad, condicionamiento en la escuela, la universidad y condicionamiento en la iglesia o templo. *"Esto es bueno, aquello es malo...," "Debes hacer esto, no debes hacer aquello o Dios te castigará..."* y así sucesivamente.

'Condicionamiento' que viene de lo que nos dicen, lo

que leemos, lo que vemos, y lo que experimentamos. En efecto, mientras los genes son un factor más o menos fijo, el condicionamiento sucede permanentemente. Éste condicionamiento permanente modifica el condicionamiento existente, y hasta lo transforma totalmente.

En cualquier caso, sea una persona común y corriente o un criminal, él o ella decide qué hacer en una situación en particular en base a estos dos factores, genes y condicionamiento, sobre los cuales realmente no tiene ningún tipo de control.

Entonces, ¿quién creó nuestros genes y nuestro condicionamiento?

¿No es cierto que ambos factores fueron puestos allí por un poder superior? Si esto se aceptase, quedaría claro que cualquier cosa que alguien hizo en cualquier momento fue precisamente lo que debía hacer conforme a este poder superior – al cual algunos llaman Dios. Nadie puede hacer algo que Dios no espere de él. Esto claramente significa que nadie puede hacer algo por lo que deba temer a Dios

– ni la persona promedio ni el psicópata. Y si no necesita temer a Dios, entonces nada le impide que ame a Dios como su Creador.

Preguntarás, *"¿si todo es la Voluntad de Dios entonces qué evita que yo tome una ametralladora y mate a veinte personas?"* La respuesta es que si no es parte de tu naturaleza (genes y condicionamiento), no serías capaz de hacerlo en primer lugar. En segundo lugar, saber esto no anula tu responsabilidad con la sociedad, porque la sociedad considerará lo que suceda como 'tu' acción y puede castigarte por ello.

En el fluir de la vida, uno es completamente responsable con la sociedad en la que vive, y uno debe aceptar su juicio sobre todos y cada uno de los acontecimientos. Esto, desde luego, significa estar expuesto al placer y al dolor en cada momento.

Mientras puede que uno deba experimentar dolor en el momento, el saber que lo que haya ocurrido debió ocurrir de acuerdo a la Voluntad de Dios, nos lleva a concluir que ese dolor nunca debe ir acompañado de culpa o de vergüenza.

Este análisis claramente muestra que nadie tiene control sobre lo que el próximo momento traerá – placer o dolor. Este es un hecho que uno debe aceptar. Pero, con la aceptación total de que suceda lo que suceda, es un evento que debía darse de acuerdo a la Voluntad de Dios o a la Ley Cósmica*, y no es 'el resultado de la acción' de un individuo – el placer no seguirá siendo acompañado por orgullo o arrogancia, ni el dolor será acompañado por culpa o vergüenza.

De manera similar, si cualquier cosa que suceda es la acción precisa que tenía que ocurrir de acuerdo a la Ley Cósmica, entonces no puede existir la posibilidad de odiar o culpar al 'otro' por sus acciones, así el 'otro' sea un psicópata.

Este es nuestro diario vivir. Cada uno de nosotros está obligado a vivir su vida en las circunstancias en las que ha sido ubicado, de acuerdo a la Voluntad de Dios o a la Ley Cósmica.

---

* El término Ley Cósmica es para aquellos que no se sienten cómodos con la palabra 'Dios'. La Ley Cósmica es la ley que gobierna el universo entero por toda la eternidad, algo demasiado vasto para ser comprendido por el intelecto humano.

¿ES TU HACER
REALMENTE?

¿Uno realmente 'hace' algo? Podemos examinar este concepto un poco más de cerca. Si revisas las cosas que pasaron durante el curso de tu día, te darás cuenta de que la mayoría de estas cosas simplemente 'sucedieron'. Elige entre esos eventos uno que creas que fue tu acción, y después de mirar profundamente cómo se dio esa acción, revisa a ver si sigues convencido de que realmente fue tu acción.

¿Decidiste ejecutar esa acción en un momento en particular, o la acción se basó en un pensamiento… que al manifestarse te llevó a hacer algo en particular? Y, si el pensamiento no se hubiese dado, tu acción no hubiese sucedido. No tuviste control sobre el surgir de ese pensamiento. Entonces, ¿realmente es 'tu' acción?

Tu acción es el resultado de algo que viste, probaste, oliste, tocaste u oíste. Si no hubieses estado en cierto lugar a cierta hora y no hubieses visto, oído, olido, probado o tocado algo, tu acción no se hubiese dado. No tuviste control sobre haber estado allí en ese momento, ni de haber visto, oído, olido, probado o tocado algo. Entonces, no tuviste control sobre aquello que generó tu acción, ¿cómo puedes llamarla tu acción?

Existe una red de eventos interconectados que crea las circunstancias de nuestro momento 'presente', en el cual necesitamos hacer una supuesta elección y tomar una decisión. Al depender tanto sobre factores fuera de nuestro control, lo único que nos queda por hacer es tomar una decisión. De ahí en adelante, nunca podremos saber hacia dónde fluirán las ondas ni en qué dirección, impactando otros eventos que se entrelazarán entre sí para crear otra situación para alguien más.

Así, en una situación en particular tenemos total libre albedrío para tomar una decisión – sin ella el diario vivir no podría darse. Pero también sabemos que nuestro libre albedrío realmente no tiene valor, ya que el resultado de nuestra acción no está bajo nuestro control. Entonces, debemos actuar *como si* tuviésemos control, sabiendo que no lo tenemos – que realmente es la Voluntad de Dios. Esto no significa que nada está en nuestras manos. Lo que significa es que el resultado no está en nuestras manos. De todos modos, tendremos que tomar una decisión como siempre lo hemos hecho. Entonces, tomar una decisión está 'en nuestras manos'. Sin esta posibilidad el mecanismo del diario vivir no podría darse.

Es interesante considerar que la 'Voluntad de Dios' es la base de todas las religiones. La Biblia dice, "Hágase tu Voluntad." En el islam, la palabra Insh'alla (Si Dios Quiere) se usa prácticamente en todas las frases. En las escrituras hinduistas se dice, *"Tú eres el hacedor, Tú eres el que experimenta el efecto de la acción; Tú eres el orador, Tú eres el oyente."* Todas estas religiones han estado exponiendo la misma Verdad, aun así, hemos librado guerras religiosas durante miles de años.

¿En qué se basa la Voluntad de Dios? Es imposible para el cerebro humano entender algo tan vasto, que involucra a todo el universo durante toda la eternidad. Por lo tanto, uno realmente no puede cuestionar la Ley Cósmica o *"Su Voluntad…"* porque nunca se conseguirá una respuesta.

Para tomar un ejemplo: Digamos que se ha cometido un asesinato. Que el asesino es capturado, presentado ante el juez y el jurado, y que lo encuentran culpable. Nuestra mente lógica dice, *"¡Ah! Así es exactamente como debería ser."* Pero, existen otras tres posibles salidas. El asesino es capturado, presentado en la corte y el jurado sabe que él es culpable del asesinato, pero no hay suficiente evidencia para condenarlo, y el jurado se ve obligado a dejarlo en libertad. O se comete el asesinato, pero no encuentran al asesino, y el crimen queda como "no resuelto" en los archivos de la policía. Otra alternativa es aún más difícil de aceptar, pero todos lo hemos visto en las noticias: se comete el asesinato, y un hombre inocente es encontrado culpable del crimen y es enviado a la horca por un crimen que no cometió. La alternativa que se dé es la Voluntad de Dios, la razón nunca la podremos entender.

NO-HACER ES ESFUERZO SIN ESFUERZO

La mente podría percibir el camino del no hacer como algo fatalista, pero en realidad es completamente lo contrario. El concepto de no hacer no significa no tomar una decisión – ¡analicemos algo sencillo; trata de no salir de la cama una vez que despiertes! Inténtalo para ver si es posible. Por lo menos, tarde o temprano, necesitarás ir al cuarto de baño. No se trata de 'no hacer' nada, porque este 'no hacer' es en sí 'hacer' algo. Como aparece en el Bhagavad Gita (II-47), *"A ti solo te concierne la acción, nunca sus frutos; no permitas que el fruto de la acción sea tu motivación, ni te apegues al no-hacer."*

Aceptar este concepto te genera mayor 'comodidad' con tu propia naturaleza. De hecho, este es un ejemplo directo de las escrituras indias, donde se nos alienta a 'hacer' lo que está en nuestra naturaleza en lugar de 'no-hacer'.

En el Bhagavad Gita (II-4, 9, 31, XI-33, 34), cuando Arjuna ve a sus parientes, amigos y preceptores, todos acusados frente a él en el campo de batalla, él baja su arco y su flecha y le dice al Caballero Krishna, *"Simplemente no puedo pelear con aquellos que son dignos de reverencia – mis preceptores."* El Caballero Krishna le responde a Arjuna, *"Naciste para ser un guerrero, tu condicionamiento es el de un guerrero, entonces levanta el arco y pelea. Ya que, siendo el Tiempo, yo ya los maté."*

En una situación en particular, haces exactamente lo que piensas que deberías hacer. Esto significa hacer uso de tu total libre albedrío. Pero, ahora notas una sensación de 'relajación' en el 'hacer'. Encuentras que el 'esfuerzo' se transforma en 'no-esfuerzo'. Ya que, no está la carga de la expectativa unida a tu esfuerzo, al saber que el resultado no está bajo tu control. Expectativa significa invitar frustración y angustia ya que puede darse que no consigas lo que esperabas.

Entonces, simplemente te concentras en la tarea a la mano, pones lo mejor de ti y dejas lo demás a Dios. Algo siempre sucede. ¡El problema es que queremos que suceda algo *específico*!

En este camino, uno encuentra que puede aceptar las decepciones más fácilmente, en lugar de construir muro tras muro de resistencia contra el resultado cuando las cosas no parecen salir como queremos.

Esto me recuerda una anécdota que escuché una vez. En un día lluvioso, Santa Teresa tuvo la mala fortuna de tener que empujar un carrito muy pesado por un terreno fangoso. El espeso fango dificultaba más las cosas, así que invocó el nombre de Jesús para que le ayudara y, en desesperación, le preguntó por qué la había elegido a ella para ser la portadora de esta carga, *"porque solo pido esto de mis elegidos y mis buenos amigos,"* respondió Jesús. Santa Teresa miró al cielo y respondió rápidamente, *"¡Con razón tienes tan pocos amigos!"*

Cuando algo 'bueno' sucede, la gratitud a Dios surge, ya que sabes que no importa qué tanto hayas 'hecho' aparentemente, o cuánto esfuerzo hayas invertido, realmente fue la Voluntad de Dios, ya que cualquier cosa pudo haber salido mal si ya estaba destinado a que saliera mal.

Y, cuando pones tu mejor esfuerzo y no recoges los frutos de lo que sembraste, no te castigas culpándote o culpando a 'otros' porque las cosas no funcionaron. Esta es la paz que éste entendimiento trae a tu 'hacer'.

Tomando éste camino, te sorprenderá lo eficiente que tu trabajo puede ser, y como malgastas mucho menos tiempo pensando en el ilusorio 'y-qué-tal-si' y en 'lo-que-debería-ser', pensamientos que en el pasado habrían llenado tu mente. Entonces, entre menos tiempo pierdas en estos pensamientos, más tiempo tendrás para enfocarte en tu 'hacer'.

Muchas personas aplazan las cosas por miedo a tomar la decisión errónea. Aunque es prudente pensar sobre el rumbo a tomar, uno encuentra que, con el tiempo, preguntas como *"¿y si tomo la decisión equivocada?"* lentamente desaparecen, ya que ahora sabes que realmente no puedes tomar una mala decisión pues tu libre albedrío es de hecho la expresión de la Voluntad de Dios. Así que, aun cuando puede que tomes una decisión bien considerada, y el resultado no sea lo que esperabas, no malgastarás horas y horas culpándote y condenándote por tomar una mala decisión.

Con esto viene el darse cuenta de que, aunque tu libre albedrío es inútil tanto en la práctica como en la teoría, se convierte en algo verdaderamente precioso – un regalo de Dios que no tiene precio – cuando descubres que de hecho no se trata de 'tu' libre albedrío, sino más bien de la Voluntad de Dios.

Entonces, de hecho, 'no-hacer' resulta ser más intenso que 'hacer'. Una vez más, en el Bhagavad Gita (IV-20) dice, *"Al haber abandonado el apego al fruto de la acción, siempre complacido, sin buscar refugio en sitio alguno, (el sabio) no está haciendo algo, a pesar de ejecutar acciones."* Sobre esta materia, el sabio Ramana Maharshi tiene algunas sabias y preciosas palabras: *"No-acción es actividad sin parar. El sabio se caracteriza por su intensa y eterna actividad. Su* *quietud es como la aparente quietud de un trompo que rota velozmente. La alta velocidad no puede ser percibida por el ojo y parece estar quieto. Sin embargo, está rotando. Así es la aparente no-acción del sabio. Esto debe explicarse ya que generalmente la gente confunde quietud con inercia, y no es así."* *

La naturaleza proporciona un ejemplo maravilloso para demostrar la 'aparente quietud de un trompo que rota rápidamente'. Sentados en una playa, inmersos en el hermoso atardecer, prácticamente no somos conscientes de que el piso bajo nosotros realmente se está moviendo a una velocidad increíble. Uno tan solo puede maravillarse sobre la manera en la que la naturaleza funciona silenciosamente. La tierra es una masa enorme que pesa cerca de seis mil trillones de toneladas y rota como un trompo sobre su eje, mientras que al mismo tiempo gira alrededor del sol. En el ecuador, la tierra se mueve a una velocidad cercana a las 1040 millas por hora, mientras gira alrededor del sol a una velocidad de 18,5 millas por segundo. Todo esto lo hace en absoluto silencio, mientras

* Charlas con Sri Ramana Maharshi

tu disfrutas del bello atardecer reflexionando sobre la aparente quietud de la naturaleza – ¡una quietud que de hecho es el resultado de este asombroso movimiento!

¡Y aquí, nosotros los seres humanos buscamos estabilidad en nuestras vidas mientras que el piso bajo nuestros pies se mueve perpetuamente! Como nos muestra la tierra, la estabilidad no significa no movimiento, sino que, a pesar de todo el movimiento y actividad en nuestras vidas, somos tan estables como la tierra mientras gira a través de la galaxia. Aun cuando pensamos que no nos estamos moviendo, nos están moviendo. Similarmente, pensamos que estamos haciendo cosas, cuando es evidente que somos nosotros a quienes se nos está 'haciendo'. La próxima vez que estés en la playa, recuerda que el sol no se está poniendo, más bien tú, sobre la tierra, te estás moviendo hasta cubrir el sol. Mientras parece que el sol sale y se pone, en realidad no es así.

En 1633, Galileo fue acusado de herejía por publicar un libro apoyando la teoría de Copérnico que aseguraba que la tierra giraba alrededor del sol. Casi cuatro siglos después de su muerte, la iglesia finalmente se retractó y en 1992 levantó su edicto contra Galileo.

Aun cuando tenemos fuertes creencias a las que nos aferramos con ahínco, necesitamos recordar lo siguiente – que la realidad puede ser completamente diferente. Es necesario mantener la mente abierta y evaluar diferentes perspectivas de manera objetiva. Debemos recordar la *Lección en una taza de té*. Y, ojalá, no necesitemos esperar tres siglos más para aceptar la sabiduría expresada en el Gita, y aquella impartida por Ramana Maharshi.

Ahora que hemos analizado el libre albedrío y el no-hacer, estamos preparados para enfrentar el tema más importante - ¿qué es lo que más queremos en la vida? En otras palabras, ¿cuál es el propósito de la vida?

EL PROPÓSITO DE LA VIDA

"Desde que la felicidad escuchó tu nombre,
ha estado corriendo por las calles
tratando de encontrarte."

– Hafiz

Uno no puede esperar que los millones de personas que viven por debajo de la línea de pobreza se preocupen por el propósito de la vida; estarán más interesadas en ganar suficiente dinero para proveer comida, ropa y techo. Las personas que están relativamente cómodas en la vida serían principalmente las interesadas en descubrir el propósito de la vida para el individuo.

El propósito de la vida es muy sencillo: ser feliz.

La felicidad es tu verdadera naturaleza. Es tu verdadera naturaleza porque muy dentro de ti sabes lo que significa ser feliz. De otra manera, ¿por qué buscarías la felicidad? Buscarías otra cosa en su lugar. Por ejemplo, si tu verdadera naturaleza fuese tener dolor de estómago, permanentemente estarías buscando un dolor de estómago.

Cuando la vida te abofetea con fuertes vientos, puedes pensar que Dios no quiere que seas feliz. Pero, Dios sí quiere que seas feliz. Solo necesitas entender claramente lo que es la 'felicidad'.

Esto puede parecer egoísta o no muy filosófico, pero el hecho es que desde que un bebé nace, lo que busca instintivamente cuando busca el seno de su madre, es la 'felicidad' a través de la leche materna.

De allí en adelante, a medida que el niño crece, su idea de lo que significa la 'felicidad' va cambiando. La felicidad significa amor de sus padres en casa, éxito en el aula y en el campo de juego. Como adulto uno busca la felicidad a través del dinero, la fama, el poder, o cualquier otra cosa en el fluir de la vida.

Pero, nuestra experiencia apunta a que la mayoría de los seres humanos no consiguen lo que han estado buscando, y en cambio, mueren frustrados.

Es un hecho de la vida que algunos que buscan la felicidad a través de algo en el ir y venir de la vida, de hecho, consiguen lo que han estado buscando, pero luego encuentran que lo que consiguieron – dinero, fama, poder – no ha proporcionado lo que estaban buscando: la verdadera felicidad. Y luego están aquellos que, tal vez intuitivamente, se han dado cuenta que la fama, el dinero, o el poder nunca les darán lo que realmente quieren.

De lo que esta gente se ha dado cuenta, es del hecho muy importante que lo que han estado buscando verdaderamente, no se encontrará en el ir y venir de la vida, sencillamente porque el fluir de la vida tan solo puede significar placer o dolor en el momento. Lo que realmente están buscando es mucho más fundamental y duradero: *algo independiente del placer o del dolor en el momento.*

La felicidad que depende de los placeres de la vida no puede durar, ya que nadie ha vivido una vida que tan solo consista de placeres. Es imposible.

Se dan cuenta de que lo que han estado buscando es algo más profundo que puede durar todo el día, sin importar si en el momento están disfrutando del placer o sufriendo por algún dolor. En otras palabras, están buscando algo que pueda prevenir que el placer en el momento se esfume o que pueda prevenir que se intensifique el dolor.

¿Y cómo se destruye el placer en el momento o cómo se intensifica el dolor? Por el surgimiento de un pensamiento. Un pensamiento sobre lo que alguien 'me' hizo, algo que me hirió, o lo que le hice a alguien y lo hirió. Por ejemplo, estoy disfrutando algo en el momento presente pero entonces surge un recuerdo sobre algo que hice que lastimó a mi amigo, por lo cual él nunca me ha perdonado. Esto destruye el placer que disfruto en éste momento, e intensifica mi dolor. O, de manera inversa, algo que un amigo me hizo, por lo cual no lo he perdonado, también intensifica mi dolor. Y, además, uno no tiene control sobre el surgir de un pensamiento o sobre cuál será el próximo pensamiento. Los pensamientos nos llegan desde 'fuera'.

Esta es una etapa importante en la verdadera comprensión de la esencia de la verdadera felicidad: el entender que lo que uno está buscando no se encontrará en el fluir de la vida – donde momentos de placer son seguidos por momentos de dolor como el ir y venir de la marea – pero, más bien, se encontrará en nuestra *actitud hacia la vida*.

ALEJANDRO EL GRANDE
MUESTRA EL CAMINO

El siguiente paso en la búsqueda de la felicidad es descubrir qué actitud hacia la vida nos ha traído la verdadera felicidad que buscamos. La actitud de uno hacia la vida significa la actitud que uno tiene hacia el 'otro', porque la esencia del diario vivir – de la mañana a la noche – es mi relación con el 'otro', quien quiera que el 'otro' sea – un pariente cercano, un amigo, un vecino, alguien conectado a través del trabajo o, al otro extremo, un completo extraño.

Entonces, la pregunta esencial en la búsqueda de la felicidad termina siendo: ¿Cuál debería ser nuestra actitud hacia el 'otro', aquella que nos traerá la felicidad duradera, sin importar si el momento presente trae placer o dolor?

La actitud que no nos ha traído felicidad ha sido aquella

que trata al 'otro' como un rival en potencia, e incluso como un enemigo en potencia. Es una relación basada en el miedo y la sospecha. Cuántas veces hemos leído noticias sobre el padre que mata al hijo, el hermano que asesina al hermano, o el amigo que ha matado a su amigo, en una disputa sobre propiedad, amor, pasión o lo que sea. Nuestra actitud ha sido de miedo a que el 'otro' pueda hacernos daño, pueda quitarnos algo que tenemos, o pueda prevenir que consigamos algo que queremos.

Vivir con esta actitud es como tener la Espada de Damocles permanentemente suspendida sobre nuestras cabezas.

Damocles fue un cortesano en la corte de Dionisio II, un tirano que alguna vez gobernó Siracusa. Un consumado adulador, Damocles exclamaba que Dionisio, siendo un hombre con gran poder y autoridad, era muy afortunado. Constantemente le hacía comentarios al rey acerca de su riqueza y de su lujoso estilo de vida. Una vez que Damocles volvió a mencionar el tema, el rey rápidamente le ofreció cambiar lugares durante un día, para que pudiera experimentar lo afortunado que era. Damocles aceptó inmediatamente. En la noche, se ofreció un banquete en el que Damocles disfrutó que le sirvieran como a un rey. Pero, fue tan solo al final de la cena que miró hacia arriba y notó una espada colgando de un pelo de caballo, justo sobre su cabeza. Damocles palideció, empezó a temblar y perdió completamente la calma. Inmediatamente le pidió al rey permiso para retirarse, diciendo que ya no quería ser tan afortunado y que quería regresar a su vida más sencilla. Dionisio había comunicado exitosamente el estado de miedo permanente en el que vivía el rey, y demostró claramente que no podía existir felicidad para la persona que vivía siempre con algún miedo colgando sobre su cabeza.

Nunca sabemos lo que el próximo momento traerá, y siempre estamos temerosos del mismo. Nunca sabemos si el 'otro' es un amigo o un enemigo. ¿Cómo podemos encontrar la felicidad si siempre tenemos la Espada de Damocles sobre nuestra cabeza?

Sin embargo, al mismo tiempo también sabemos que la felicidad es nuestra verdadera naturaleza.

El condicionamiento permanente que un ser humano recibe desde la niñez le enseña que la vida es una lucha, que la vida significa una competencia con el 'otro', que la vida significa ganar contra el 'otro' - ya sea en los negocios o en el deporte. Desde la niñez, cuando competíamos con nuestros hermanos por el trozo de torta más grande, nuestro condicionamiento ha sido el de 'yo' contra el 'otro'.

Entonces está perfectamente claro que no podemos esperar conseguir la verdadera felicidad que queremos a menos que abandonemos esta actitud de miedo hacia el 'otro'. ¿Qué significa exactamente abandonar la actitud de tratar al 'otro' como un posible rival, o incluso como un enemigo? ¿Cómo es posible abandonar esta actitud que está tan arraigada en nosotros?

Aquí es donde llegamos a algo similar a un callejón sin salida en nuestra búsqueda de la felicidad.

Este es el callejón sin salida al que el joven Alejandro llegó una vez. Según una vieja leyenda griega, un campesino pobre llamado Gordius entró a un pequeño pueblo en un carrito tirado por bueyes y, de este modo, cumplió con la profecía de un oráculo que decía que el futuro rey llegaría montado en un carrito. Fue coronado rey y como gesto de gratitud, dedicó su carro a Zeus y lo ató en la plaza de mercado con un complicado nudo –el Nudo Gordiano. Este nudo estaba tan intrincadamente atado que nadie había sido capaz de desatarlo, y la profecía decía que quien tuviese éxito gobernaría toda Asia.

No era un secreto que Alejandro de Macedonia había estado alimentando esta idea toda su vida. Y allí se encontró – enfrentando el reto planteado por el Nudo Gordiano.

Serenamente ante el nudo, su mente en calma, el joven Alejandro tuvo una repentina inspiración: velozmente desenfundo su espada y, con un rápido golpe, atravesó el nudo. Y, la historia nos dice que la profecía se cumplió.

Este es el tipo de callejón sin salida en el cual uno se encuentra en su búsqueda de la felicidad: ¿cómo se puede abandonar cierta actitud hacia el 'otro' cuando ésta ha sido la única perspectiva que uno ha conocido?, ¿cómo puede uno vivir su vida sin la actitud de tratar al 'otro' como un rival o un posible enemigo? Abandonar esta actitud verdaderamente significaría la entrega total, ¿y entonces que quedaría en la vida? Uno entonces se preguntaría: *¿qué me pasaría a 'mí' si no trato al 'otro' como una amenaza potencial?, ¿qué me protegería de él?, ¿significaría que dejo que el 'otro' me pisoteé, que haga lo que le venga en gana?, ¿y qué tal si evita que yo consiga lo que quiero?, ¿y qué tal si me daña de alguna manera?, ¿significa tratarlo como un amigo, sabiendo que no lo es, y acogerlo sin importar lo que haga? Abandonar esta actitud significaría que yo quedaría totalmente indefenso y vulnerable ante cualquier cosa que el 'otro' haga. ¿Cómo podría alguien jamás aceptar esto? ¿no existe acaso alguna solución que me saque de este apuro?*

Este es entonces el 'Nudo Gordiano' con el cual todos nos enfrentamos en nuestra búsqueda de la felicidad. ¿Cómo sería posible para alguien desatar este nudo y encontrar la verdadera felicidad que busca? ¿Dónde está la afilada espada que pueda cortar este nudo en dos?

LA ESPADA DE LUZ DEL BUDA

Los actos se dan, pero el hacedor de los actos no está; ¿qué significa esta declaración? Simplemente que las cosas pasan, los actos se dan, las consecuencias llegan, pero no existe un hacedor individual de acto alguno. Esto claramente quiere decir que todo lo que sucede en la vida diaria es un acontecer que responde a la Voluntad de Dios o a la Ley Cósmica; el individuo que es elegido para que a través de él o ella se de la acción también responde a la Voluntad de Dios o a la Ley Cósmica; la manera en que cada acontecer afecta a alguien, para bien o para mal, también depende de la Voluntad de Dios o de la Ley Cósmica.

Si somos capaces de aceptar este concepto, entonces no puede existir duda alguna sobre si el 'otro' es un rival o un enemigo.

Esto significa que nuestra relación con el 'otro' puede ser totalmente armoniosa, porque no tenemos que temer constantemente que el 'otro' nos hará daño de alguna manera.

Estas sencillas palabras del Buda, con veloz golpe, eliminan total y absolutamente toda rivalidad y enemistad hacia el 'otro'.

Se corta el nudo.

Y entonces, si uno es capaz de aceptar totalmente el hecho de que todo es un acontecer que responde a la Voluntad de Dios o a la Ley Cósmica, y no es el hacer de algún ser humano individual, algunas inevitables conclusiones emergen:

1. Si cualquier cosa que suceda no es mi hacer, pero más bien algo que tenía que suceder, lo que aparentemente es mi hacer es realmente lo que Dios esperaba de mí. Esto claramente significa que nunca puedo cometer un error. Y, más importante aún, nunca puedo cometer un pecado.

Si mi aparente acción se considera una mala acción en la sociedad en la que vivo, me pueden castigar de acuerdo a las regulaciones y a las normas sociales existentes. Como debo continuar viviendo en sociedad, es posible que deba sufrir el castigo y el consiguiente dolor en el momento, pero ciertamente no debo temer el castigo de Dios por haber cometido algún 'pecado'. Con este firme entendimiento, soy libre de amar a Dios como mi creador durante toda mi vida, y puedo morir sin miedo a Dios.

2. Si algo que sucede me hace daño, entonces es la Voluntad de Dios que me haga daño. A través de quién se dé la acción que me causa daño es irrelevante. Inversamente, si no debo ser dañado, entonces no existe poder en la tierra que me pueda dañar. No culpo o condeno a otros por lo que hicieron o dejaron de hacer; los logros me generan placer mas no arrogancia u orgullo; lamento mis supuestas malas acciones mas no me generan culpa o vergüenza.

3. Si ni 'yo' ni el 'otro' podemos hacer algo que Dios no quisiera que hiciéramos, no hay necesidad de odiarme o de odiar al 'otro'. La ausencia de odio hacia mi o hacia el 'otro' claramente significan paz mental – la felicidad a través de la paz mental, conocida tradicionalmente en Sanscrito como *Sukha-Shanti* (*sukha* = felicidad, *shanti* = paz mental), es sin duda el 'propósito de la vida'. Es justo esta paz mental lo que el ser humano más quiere, ya sea que lo sepa o no. Esta paz mental es la ausencia de sufrimiento.

LAS BASES DE
LA PAZ MENTAL

¿En qué se basa el *Sukha-Shanti*? ¿Para quién es esta paz mental? Obviamente la respuesta tiene que ser: 'para mí'. Y entonces, ¿quién puede ser este 'mí/yo' que no sea el 'ego'? Aquí yace la esencia e importancia de la paz mental que el ego aspira tener.

Si realmente nadie 'hace' algo, entonces lo único que hay es la Fuente, o Dios – llámalo como quieras. Entonces, ¿qué es el ego?

La Fuente se identifica con cada entidad separada (tú, yo, él y ella) y opera a través de esa entidad como ego. Así, el ego es identificación con un nombre y una forma como una entidad separada. Sin embargo, debe quedar claro que, de hecho, el ego no puede estar separado de la Fuente. Cada ego tan solo puede ser la misma Fuente identificada con cada cuerpo-mente como el ego – la entidad separada.

¿Y esto por qué sucede? ¿Por qué ha creado la Fuente seis mil millones de egos? Esto tuvo que suceder por la sencilla razón de que la vida diaria se basa en las relaciones inter-personales entre 'yo' y los 'otros'. Los diferentes egos tuvieron que ser creados para que las relaciones inter-personales se pudieran dar – amistad y enemistad, amor y odio, etc. – resultando en el diario vivir. La Fuente es Uno, pero el Uno tuvo que convertirse en dos, y los dos en muchos, para que la vida se diera como la conocemos. La Fuente Única se ha convertido en dualidad empezando por masculino y femenino, y de allí en adelante, dualidad de todo tipo concebible – el bien y el mal, hermoso y feo, riqueza y pobreza, salud y enfermedad, éxito y fracaso, etcétera. Si uno de estos existe, el otro también tiene que existir. No puede existir la riqueza sin la pobreza, o la salud sin la enfermedad. De manera similar, no puede existir un santo a menos que también exista un psicópata.

Todos tenemos un ego – incluso un Maestro tiene ego.

Para ser más precisos, inclusive el Maestro vive como un ego; un Maestro responde al llamado de su nombre. La única diferencia entre el ego del Maestro y el ego de una persona común y corriente es que en el ego del Maestro la sensación de hacedor personal ha sido completamente eliminada. Pues el Maestro sabe que todas las acciones son la Voluntad de Dios y no el 'hacer' de alguien. Con este entendimiento, el Maestro no se culpa a sí mismo o al 'otro', sabiendo que el 'otro', como él mismo, tiene fortalezas y también debilidades.

Debe recordarse que es la misma Fuente la que opera a través de los miles de millones de egos, así como la electricidad funciona a través de diferentes artilugios, generando aquello para lo cual cada artilugio fue diseñado.

De manera similar, todos somos instrumentos a través de los cuales la Voluntad de Dios se expresa. A esto se refiere el término 'hermandad universal', ya que es la misma energía funcionando a través de todos nosotros, y generando exactamente aquello que se supone que debe generarse, en cada momento.

Existe una historia que ilustra de manera hermosa cómo funciona la Voluntad de Dios a través de todos nosotros. Durante su invasión de la India, Alejandro conoció a diferentes hombres sagrados y desarrolló un profundo interés por la filosofía hindú. Al poco tiempo de llegar a Taxila, envió a su mensajero a que le trajera a Dandamis – un gran sabio de la tierra.

El mensajero encontró a Dandamis en el bosque y le dijo que Alejandro, el hijo de Zeus, le había convocado. Añadió que si Dandamis obedecía, Alejandro le bañaría en riquezas y le otorgaría cualquier cosa que quisiera, de lo contrario, Alejandro le cortaría la cabeza.

A esto, el yogui calmadamente respondió que él era tan hijo de Zeus como Alejandro, y que no existía algo que él quisiera de Alejandro ya que todo lo que él quería y que alguna vez pudiera llegar a necesitar era suministrado por la Madre Tierra. Así que, si Alejandro quería conocerlo, entonces tendría que venir al bosque personalmente.

Al escuchar este diálogo, Alejandro sintió un deseo aún

más fuerte que antes de conocer al yogui, ya que se dio cuenta de que finalmente había encontrado a su par.

Solamente las relaciones armoniosas le pueden traer paz mental al ego. Y las relaciones armoniosas dependen de la aceptación total del hecho de que cada entidad separada es totalmente incapaz de 'hacer' algo, porque cualquier cosa que suceda en la vida jamás ha estado bajo el control de alguien. Todo acontecimiento es un acontecer sujeto a la Voluntad de Dios o a la Ley Cósmica.

¿Esto qué significa en la vida práctica cotidiana? ¿Cómo vive uno su vida día a día? La respuesta es realmente bastante sencilla:

Vivo mi vida haciendo aquello que siento que debo hacer en cada momento. Esto es libre albedrío total. Después de eso, sé que cualquier cosa que pase nunca ha estado bajo mi control y, por lo tanto, lo que suceda es la Voluntad de Dios. Al haber aceptado esto totalmente, en cualquier situación, después de hacer lo que consideraba que debería haber hecho, me relajo y observo lo que suceda sin culpar o condenar a nadie, ni a mí mismo ni al 'otro'.

En otras palabras, actúo *como si* yo fuese el hacedor, pero con el conocimiento que realmente Dios es el único hacedor. Tomo una decisión en una situación dada, sabiendo que el resultado no está bajo mi control.

Esto significa que este ego, este 'yo', puede vivir su vida en las circunstancias en las que ha sido ubicado sin desconectarse de la Fuente. La conexión nunca se puede romper si existe una aceptación total sobre el hecho de que nadie es el hacedor de sus acciones. Mantenerse conectado con la Fuente significa siempre ser consciente de que, sin importar si uno está disfrutando del placer o sufriendo dolor en el momento, este 'yo' realmente no es otra cosa que la Fuente.

Entonces, necesitamos recordar que mientras este 'yo' es el que tiene que hacer lo que sea necesario en cada situación, la voluntad de la Fuente es lo que finalmente prevalece.

Esta es la base de *Sukha-Shanti* – el propósito de la vida.

"No seas ego-céntrico –
sé Yo-céntrico:
jamás desconectado del
Yo que es la Fuente."

– Ramesh Balsekar

LA ESPADA ELIGE AL REY ARTURO

É rase una vez un gran rey en Gran Bretaña llamado Uther. Al morir se generó una disputa sobre la sucesión; otros reyes y príncipes reclamaban su derecho al trono. El rey Uther tenía un hijo llamado Arturo. El joven Arturo era el legítimo heredero al trono, pero nadie sabía de su existencia, ya que el hechicero Merlín se lo había llevado en secreto cuando era un bebé. Lo hizo porque temía que los contendientes al trono fuesen una amenaza contra su vida. Sin embargo, Merlín, quien fue el mentor del niño, había previsto que llegaría el día cuando Arturo reinaría la Gran Bretaña.

Un día, mientras buscaba una espada que su hermano pudiera empuñar en un torneo, el joven Arturo, descubrió una espada que estaba incrustada en una roca. Sin mayor esfuerzo, sencillamente la extrajo y se la entregó a su hermano, sin enterarse de que en el pasado muchos otros habían intentado retirar la espada de la roca. En la piedra había una inscripción que leía que quien pudiera sacar la espada sería el legítimo Rey de Inglaterra.

Los chicos que acompañaban a Arturo no podían creer la facilidad con la que había logrado sacar la espada de la roca. La espada fue incrustada en la roca nuevamente, y aunque otros trataron de extraerla, no lo lograron. Finalmente, Arturo volvió a intentarlo y, agarrando la espada por la empuñadura, la sacó.

Merlín se había asegurado de que la espada distinguiría al verdadero rey entre todos los pretendientes. La espada sería la que elegiría quien la empuñaría, sin importar qué tanto se empeñaran otros para sacarla de la roca. Y así, Arturo fue coronado rey.

De manera similar, el entendimiento de que no existe un hacedor de una acción simplemente se da. Lo que has leído en este libro es un condicionamiento nuevo para ti, el cual de ahora en adelante puede enmendar o alterar tu condicionamiento existente, o transformarlo totalmente. Podría cambiar tu manera de ver la vida.

No hay nada que puedas 'hacer' para entender profundamente que no eres el hacedor – ¡cómo podrías, si no eres el hacedor! Entonces, realmente no necesitas preocuparte sobre la necesidad de 'aplicar' este entendimiento. Ya que nadie 'hace' algo y esto te incluye. Como la espada en la roca, el entendimiento te elige – encuentra el camino hacia ti. Aunque no tienes control sobre cuál será tu próximo pensamiento, cuando te 'impliques' en *pensar* sin cesar (implicarse con un pensamiento durante cierto tiempo), te darás cuenta de que con mayor frecuencia este permanente pensar se cortará más rápidamente, hasta que un día, al mirar atrás, notarás que ya no te implicas en pensar.

Este no es un mantra que debas recordar constantemente y repetir interminablemente ya que una vez que te haya impactado en tu núcleo, te mostrará algo que ya sabes muy dentro de ti, algo que es tu verdadera naturaleza – la felicidad auténtica.

Es un mantra que se repite por si solo – un Mahamantra
para la felicidad.

80

"Simplemente observa lo que sucede
a través de cualquier individuo como
aquello que precisamente debía suceder
según la Voluntad de Dios o
la Ley Cósmica y
no condenes a nadie."

– Ramesh Balsekar

La espada es llamada el Alma del Samurái ya que, al interactuar con la espada, los Samuráis descubren quienes son. Sin embargo, para nosotros, ser expuestos a las palabras del Buda es el único 'interactuar' que necesitamos, porque Sus palabras funcionan en nosotros sin tener que 'hacer' algo. Es parecido a broncearse; lo único que necesitamos hacer es exponernos al sol. La espada del Buda ha encontrado el camino hacia ti. Ahora, permítele a esta misma energía que funcione para ti – en tu diario vivir.

El concepto de no-hacedor puede que no haga que la vida sea más fácil, pero ciertamente hace que la vida sea más sencilla. Aquello que inicialmente parece un entendimiento intelectual, con el tiempo se instalará en el corazón. El arte de vivir está en dejar que la vida suceda, dejar que la vida fluya y vivir desde el corazón, ya que la espada de luz del Buda atraviesa nuestros corazones – con el entendimiento absoluto de que todos los eventos son un acontecer divino según la Voluntad de Dios y no el 'hacer' de alguien.

EL CORAZÓN DEL VIVIR

He descubierto que las palabras del Buda tienen un impacto directo sobre mi vida diaria. De no ser así, serían como cualquier otra teoría, simplemente palabras entrelazadas y nada más. ¿Qué uso tienen las escrituras y la filosofía si no influyen en tu diario vivir? Situación tras situación, las palabras del Buda salen a relucir. Como la espada de Manjushri, el entendimiento se precipita y corta cualquier enganche mental al que la mente pensante esté predispuesta. Como la espada del Arcángel Miguel, corta las cuerdas del hacer – todo aquello que ata y que no es necesario.

Este entendimiento me ha aportado un valor inmenso a las relaciones con las otras personas. Llevarse bien con otras personas se ha convertido en algo mucho más fácil, y cuando no ha sido así, ha sido más sencillo ponerse de acuerdo en que no se está de acuerdo, sin arruinar la relación. También ha probado sus beneficios al lidiar con situaciones en el trabajo. Por ejemplo, hace algunos años enfrenté una situación en donde mi Gerente General había desfalcado a la compañía en más de 40.000 dólares americanos, lo que era una cifra grande para una compañía de nuestro tamaño en ese momento. Cuando dicha estafa salió a la luz, inicialmente reaccionamos con incredulidad y consternación, pero en vez de perder tiempo preocupándonos por lo que había sucedido, más bien la pregunta fue, ¿cómo manejar la situación de la mejor manera posible? Aunque se presentó una demanda judicial, nos concentramos en cómo recaudar fondos para pagar las deudas que teníamos en el mercado como consecuencia de este acto.

También tuvimos que analizar los acontecimientos para ver qué procedimientos deberíamos implementar para evitar que esta situación se repitiera. Sin embargo, con el entendimiento absoluto de que no existía poder alguno en la tierra que hubiese prevenido que esto sucediera, se evitó mucha tensión innecesaria. No era cuestión de condenarlo por lo que 'había' hecho, porque yo nunca podría saber las razones que lo llevaron a esto. De esta manera, el sinsabor del hacedor personal fue eliminado, así como las usuales trampas en las cuales la mente egocéntrica tiende a engancharse: *¿Por qué yo? ¿Qué hice mal? ¿Qué he hecho para merecer esto? ¿Por qué me hizo esto después de todos estos años? ¿Qué tiene Dios contra mí?* Esta innecesaria carga de basura no fue arrojada en la mente y, como resultado, la mente tuvo más 'espacio' para poder lidiar con la situación de una manera objetiva. De hecho, algunas veces me pregunté si estaba lidiando con la situación con la seriedad que ésta merecía.

Desde luego, había tristeza cuando recordaba que esto había sucedido a través de alguien que estuvo conmigo durante tanto tiempo. Pero, esto no se convirtió en el tipo de pensamiento horizontal que consume enormes cantidades de tiempo en culpar y condenar.

Había preocupación sobre las posibilidades de salir de este lío, pero me encontré simplemente siendo testigo de cómo se daban las cosas. Esta pérdida generó un efecto domino que demoró un tiempo en solucionarse, pero sabía que los eventos se estaban dando a un ritmo que yo no había elegido de modo alguno, y en vez de reaccionar, simplemente afronté cada situación a medida que se daba. Es mucho más sencillo nadar con la corriente que contra ella.

Estoy eternamente agradecido por el hecho de que la enseñanza surge en momentos tan difíciles.

También surge en otras circunstancias aparentemente insignificantes. Cuando me encuentro en un restaurante con un mesero que simplemente no puede tomar bien el pedido, puede que surja la irritación, pero es reemplazada rápidamente por una sonrisa cuando surge la idea - ¿por qué 'elegiría' el mesero no tomar bien el pedido?

En otra situación, tuve una reunión con un cliente que se podría clasificar como arrogante y odioso. Sabía que la reunión no iba por buen camino y que no sería buena idea hacer negocios con él, ya que lidiar con esta persona sería muy pesado para el equipo de trabajo, pero continué con la reunión pacientemente, sabiendo que no era algo personal; él era lo que era – un producto de su condicionamiento. ¿Por qué elegiría ser odioso?

¿Por qué 'elegiría' el taxista ser odioso? Piensa que debe conducir en tráfico pesado y en aire contaminado todos los días en las calles de Bombay. ¿Acaso alguna vez un pasajero lo saluda con un cálido hola cuando ingresa al taxi?

¿No estamos acaso todos programados (genes más condicionamiento) para ser como somos? Con este entendimiento, ya nada parece tan personal – 'yo' contra el 'otro'. Si todo es la Voluntad de Dios y no el 'hacer' de alguien, ¿cómo podría ser algo personal?

No es extraño que, si tropezamos con un objeto que se encuentra en nuestro camino, no perdemos tiempo reprendiendo y acusando al objeto; más bien, nos enfocamos en ver si nos hemos hecho daño y en cómo atendernos. Sin embargo, si alguien 'hace' o simplemente dice algo que no nos gusta, rápidamente subimos las rampas de nuestro fuerte y empezamos a disparar los cañones, mientras damos instrucciones a los arqueros para que desaten un torrente de flechas; ¡y luego enviamos a la caballería hacia las líneas enemigas!

Esto me recuerda una divertida anécdota. La historia dice que un día el Buda se encontró con un hombre que le lanzó los más selectos insultos mientras lo seguía todo el día acusando al Buda de destruir las fibras de la sociedad. Esto continuó durante todo el día, pero el Buda no reaccionó ante todo el abuso que se iba acumulando. Finalmente, al final del día, el hombre se cansó y se dio por vencido. Le preguntó al Buda ¿cómo podía no reaccionar ante todo el abuso? El Buda respondió que si alguien le daba un regalo y Él no lo aceptaba, el regalo permanecía con quien se lo ofrecía. De manera similar, cuando Él no reaccionó al abuso verbal, el abuso permaneció con el abusador.

Todos los días, descanso en saber que:
No elegimos respirar, la respiración sucede. De igual manera, la vida sencillamente sucede, así que permito que la vida fluya.

Cuando permito que la vida fluya, hago lo que se debe hacer y le dejo el resto a Dios. Generar expectativas significa invitar a la frustración.

He hecho lo mejor que puedo, según 'mí' definición de lo 'mejor'; entonces, ni siquiera Dios puede esperar más de mí. Después de todo, mi voluntad es realmente la Voluntad de Dios operando a través mío.

He aprendido que uno debería disfrutar la vida tal como sucede, sin herir a nadie.

Tengo fe 'Implícita en Dios' – lo que significa que acepto lo que sea que suceda como la Voluntad de Dios, sin importar cómo me afecte, para bien o para mal. Si es para mal, le rezo a Dios para que me dé la fortaleza para lidiar con ello. En cualquier caso, ¿quién sabe qué cosas son para 'bien' o para 'mal'? Lo que hoy parece ser un desastre puede convertirse en una bendición el día de mañana, o de manera inversa. Entonces, no juzgo la situación porque no puedo ver todos los hechos del caso. El tiempo dirá. Renuncio totalmente a juzgar, y dejo que Dios sea el juez.

'Fe en Dios' me recuerda una historia que demuestra lo que la verdadera fe es: Los campos de una pequeña aldea estaban resecos por falta de lluvia. La gente estaba ansiosa y miraba hacia el cielo con la esperanza de recibir alivio. Los días se convirtieron en semanas y la tierra permanecía árida. Aún no había señal de lluvia. Un día, los ministros de la iglesia convocaron a una hora de rezo en la plaza central. Pidieron a todos que llevaran un objeto de fe que incitara inspiración divina.

Al medio día en el día fijado, la plaza central se llenó de gente con rostros preocupados y corazones esperanzados. Los ministros se conmovieron al ver la variedad de objetos que la gente sostenía en sus devotas manos – libros sagrados, rosarios, cruces – así como oraciones que sus labios susurraban. Cuando la hora terminó, una suave llovizna empezó a caer, como si por orden divina. La multitud vitoreo mientras levantaban sus preciados objetos en gratitud y alabanza al Señor en el cielo.

En medio de la multitud, un símbolo de fe parecía sobresalir entre todos los demás: ¡una pequeña niña había abierto su paraguas!

En momentos difíciles recuerdo que 'Esto también pasará'. En momentos felices recuerdo que 'Esto también pasará'. Este recordar se ha convertido en un 'saber' que siempre está ahí, muy adentro.

Me doy cuenta de que nada es verdaderamente tan importante, a excepción de aquello que dura para siempre – es decir, la Fuente, ya que la Fuente es todo lo que existe. Y así, mi conexión con la Fuente es lo único que importa. Y mi conexión con la Fuente permanece siempre y cuando exista la aceptación total de que nadie es el hacedor de sus acciones, ni yo, ni el 'otro'. Dios es el único hacedor.

Entonces descubro que el peso que éste 'yo' había estado cargando desaparece. Y entonces recuerdo las palabras del sabio Ramana Maharshi: *"Reconoce la fuerza de la Voluntad Divina y permanece en silencio. Dios nos cuida a cada uno de nosotros."** Y sé que 'cada uno' incluye a nuestros 'enemigos'.

*Charlas con Sri Ramana Maharshi

Ahora que sé que todo es la Voluntad de Dios, no existe la cuestión de odiar a alguien por algo.

En la mañana, cuando despierto, recuerdo la oración de mi amigo Rohit. Él se levanta cada mañana, se para ante su altar, y dice, *"Querido Rohit, prométete hoy, que te retirarás de tu propio camino."* Qué plegaria tan maravillosa – ya que tenemos la tendencia a tropezar con nuestra propia sombra, obstruyendo el natural fluir de la vida, y terminamos convirtiéndonos en nuestros peores enemigos. Qué plegaria tan maravillosa como tributo al acontecer de la Voluntad Divina a través de nosotros.

En la noche cuando reviso los eventos del día, sin querer, una sonrisa ilumina mi rostro, pues me doy cuenta de que, durante todo el día, en las diferentes situaciones que enfrenté, se dio un sentimiento de ecuanimidad. Los puntos altos no parecen tan altos; y los puntos bajos no parecen tan bajos. La ecuanimidad es un sentimiento natural cuando uno ve pasar suficientes placeres y sufrimientos. Los placeres ciertamente pasan y los sufrimientos parecen permanecer, pero cuando recuerdo que mí sufrimiento no es nada comparado al sufrimiento de millones de personas que viven debajo de la línea de la pobreza, percibo que la intensidad de mí sufrimiento se reduce.

Ahora, cuando me voy a la cama al final del día, sé que la espada del Buda está a mi lado. Mañana será otro día y existirán nuevas situaciones que encarar y batallas que luchar. Pero, ahora estoy mejor preparado para enfrentar los retos, ya que el Buda me regaló esta espada que corta toda la angustia y el sufrimiento en los cuales mi mente se hubiera enganchado de no haberla tenido – divagaciones mentales por calles atafagadas de interminables pensamientos que llevan a un sitio llamado - ningún lugar - llenando sin necesidad el espacio en mi mente con odio, maldad, culpa, condena y vergüenza.

A la mañana siguiente despierto fresco. Armado con la espada del Buda, estoy preparado, pero encuentro que la batalla ya no es necesaria ya que el entendimiento está en lo profundo de mi corazón. Puede que la vida no se haya vuelto más fácil, pero se ha vuelto más sencilla.

Sinceramente deseo que la espada del Buda ilumine tu camino a través de los oscuros callejones de la vida y que corte las cuerdas del hacedor en las que nos encontramos tan frecuentemente enredados.

Surge un inmenso sentimiento de gratitud hacia el Buda – El Compasivo – por Su invaluable regalo, el cual acaba con el sufrimiento. Aún después de 2.500 años, Su mensaje arde luminoso, eliminando toda la gimnasia mental del hacedor en el parque de atracciones de nuestra mente.

LA NUEVA MANERA DE VER LA VIDA

El As de Espadas es la carta de los nuevos comienzos – una manera nueva de ver la vida. Una nueva vida que surge de las cenizas de la anterior, como el ave Fénix.

Y ¿cómo surgiría esta nueva vida de la anterior? ¿Podría tal vez ser a través de un cambio en la manera en que uno ve la vida y el vivir?

Ciertamente. Ahora sabemos que llega a través de un cambio en nuestra *actitud hacia la vida*.

Desde luego, para que esto suceda, se necesita tener claridad sobre lo que uno más quiere en la vida.

Ahora sabemos que lo que realmente queremos es la felicidad a través de la paz mental. Hafiz dice que la felicidad ha estado corriendo por las calles tratando de encontrarnos. Ahora, cuando llegue, ya no estaremos mirando en la otra dirección, sino tendremos nuestros brazos ampliamente abiertos, esperando darle un fuerte abrazo a la felicidad.

Hacía poco yo le había preguntado a Ramesh si algún nuevo texto estaba 'sucediendo'. Él mencionó que había algunas notas aquí y allá que él había escrito. Una de las notas que me entregó fue *El Propósito de la Vida*. Cuando la leí, quedé asombrado por su gran claridad. Era una nota acerca de tener claridad sobre lo que es la verdadera felicidad – *Sukha-Shanti*, paz mental… no una felicidad que dependa del placer.

Más tarde, en casa, me encontré ampliando las notas de Ramesh. Esto pronto se transformó en un libro que incluía otros elementos de su enseñanza sobre Advaita (no-dualidad), así como mi comprensión del tema. Le perdí el hilo a qué parte era de Ramesh y qué parte era mía, dado que la escritura se daba a un paso acelerado. Como dice Ramesh, la escritura es 'irresistible' porque viene directamente del corazón y no de la mente. Y esta es precisamente la razón por la cual Ramesh ha escrito tantos libros – sencillamente porque él no lo ha hecho, han sido escritos a través de él.

Cuando un mensaje como este va al corazón del lector, lo que sucede realmente es que la mente empieza a aquietarse. Ya que ahora la mente no está interminablemente enganchada en culpa, condena, vergüenza, ni en pensamientos como: 'y-si…', o en 'lo-que-debería-ser'. Al estar más 'vacía', la mente está más arraigada en el momento presente en 'lo-que-es', en lugar de hacer frecuentes visitas a un pasado muerto o a un futuro imaginario. Se ha creado un espacio que de otro modo habría estado ocupado con un interminable pensar (basado en el hacedor). Con esto, la llama de la atención se enciende y arde brillante, iluminando el presente mientras desvanece la oscuridad en los corredores de una mente que antes estaba enganchada en un incesante pensar.

Recuerdo la última vez que estuve con Ramesh en su casa. Una noche, después de terminar nuestra conversación, simplemente nos quedamos sentados en silencio. Después de un rato, él dijo, *"El pensamiento surge… qué hermosa es esta habitación."* Claro está, que se trataba de la misma habitación que no había cambiado en décadas; simplemente la estaba disfrutando tanto, que parecía que la estuviera viendo por primerísima vez. Lo cual, desde luego, solo lo puede comprender una mente vacía que no esté enganchada en el pensamiento. De hecho, esto es realmente cierto, ya que cada momento es nuevo y nunca ha sucedido antes, ni será repetido en el futuro. Y así, en este estado, todo es siempre nuevo y fresco.

Tal como Ramesh escribió en una de sus pequeñas notas: Desde que Albert Einstein descubrió el espacio-tiempo, es imposible ubicarnos en el espacio a menos que simultáneamente nos ubiquemos en el tiempo. Por lo tanto, con seguridad, la única manera de ubicarnos es AQUÍ y AHORA.

Este punto se expresa profunda y claramente en la siguiente anécdota que un amigo me reenvió:

Un turista americano fue al Cairo a visitar al famoso rabino polaco Hafez Ayim. Se sorprendió al ver que el rabino vivía en una sencilla habitación forrada en libros, en donde los únicos muebles eran una mesa y un banco.

"Rabino, ¿dónde están todos tus muebles?" preguntó el turista.

"¿Por qué, donde están los tuyos?" Respondió Hafez.

"¿Los míos? ¡Yo solo estoy de paso!"

"Igual que yo," dijo el rabino.

Justo antes de que este libro entrara a impresión, mi editor me reenvió una referencia del Buda Manjushri – El Buda de la Sabiduría quien sostiene la espada en llamas de la sabiduría, la espada que corta a través de la ignorancia. Hasta entonces, yo no tenía idea de la existencia de un Buda que realmente apareciera esgrimiendo una espada.

Este sincrónico descubrimiento me pareció bastante

intrigante – además del hecho de que yo había elegido el título del libro mucho antes del descubrimiento del Buda Manjushri. Y lo encuentro más bien divertido – el siquiera contemplar la idea de que el título del libro pudo haber sido 'mía'. ¡No podía ser más obvio que no fue así! Fue sencillamente un suceder que debió darse.

Otro interesante incidente sucedió por esta época. Durante una charla reciente, un buscador confundido narró a Ramesh una historia muy similar a la del buscador en la *Lección en una Taza de Té* que aparece al inicio de este libro. Después de escuchar al buscador, Ramesh le dijo que no le diría algo similar, ya que entendía que algunas personas están confundidas, y que su destino es no llegar con una taza de té vacía.

Inicialmente, esto me pareció muy divertido. En ocasiones anteriores, él había regañado a diferentes buscadores por no escuchar atentamente y por interrumpir con muchas preguntas y dudas tipo *"sí, pero…"* antes de que pudiera completar lo que estaba diciendo; o por estar repletos de conocimientos en base a conceptos, cuando lo que se requería era una mente abierta que pudiera absorber la enseñanza.

Esta es la belleza de cualquier enseñanza auténtica y esta es la razón por la cual algunas personas de vez en cuando dicen que los maestros espirituales comunican mensajes contradictorios. A pesar de que parezca contradictorio, lo que el buscador necesita en el momento es exactamente lo que recibe. La verdadera enseñanza jamás es rígida; fluye espontáneamente de momento a momento.

Una inmensa gratitud brota hacia Ramesh por compartir con gran claridad y sencillez el concepto del Buda sobre el no-hacedor. El mensaje del Buda ha sido entregado certeramente una vez más, esta vez por uno de los principales maestros de la no-dualidad.

Cuando me imagino en el cálido abrazo de la felicidad — por el rabillo del ojo veo la silueta del Buda en la distancia. Esgrime una suave y benévola sonrisa en Su rostro. Lo único que puedo hacer, al recordar los momentos en que Ramesh alegremente decía en sus sat-sangs, *"El Buda es mi amigo",* es devolver esa sonrisa.

El ser, engañado por el egoísmo, piensa: "Yo soy el hacedor."

– El Bhagavad Gita (III-27, 28)

El concepto de no-hacedor como aparece en el Gita sobresale aún hoy. Esto es evidente por el hecho de que se ha repetido en las enseñanzas de los más famosos maestros espirituales de la India en los últimos cien años. El mensaje, desde luego, se refleja en la luz de sus propios conceptos espirituales, como se podrá ver en las próximas páginas.

"No prestes atención a la sensación de hacedor al hacer el bien, así como al hacer el mal…"

"El camino de la acción es misterioso. Aun cuando no hago nada, me responsabilizan a Mi por las acciones que tienen lugar a cuenta de *prarabdha* (el destino). Yo simplemente soy su testigo. El Señor es el único hacedor e inspirador."

– Shirdi Sai Baba (?-1918)
Sri Sai Satcharita
Casa editorial: Shri Sai Baba Sansthan, Shirdi; Mumbai

"Tan solo Dios actúa a través de nosotros. Pero también es cierto que una acción no deja de generar un resultado."

"'Yo' y 'mío' – esto es ignorancia. El verdadero conocimiento hace que uno sienta: 'O Dios, solo tú lo haces todo'."

"Dale a Dios un poder tal y como se lo das a un abogado."

"Solo Dios es el hacedor, y todos somos Sus instrumentos."

– Ramakrishna Paramahamsa (1836-1886)
Joyas de las Escrituras – De Las Escrituras de Sri Ramakrishna
Casa editorial: Poornima Prakashan, Mumbai

"Gracias al egoísmo nos consideramos los hacedores. Creemos que todo sucede como resultado de nuestros propios esfuerzos y determinación. Pero esta idea está equivocada."

"El Poder Supremo, presente en cada ion en el universo, es la fuerza que motiva a cada una y a todas las cosas en el universo. Controla los movimientos del sol, la luna, los satélites, las estrellas, el viento y el agua, realmente todo. Éstos siguen su curso predeterminado de movimiento sin interrupciones y sin confusión, y perfectamente a tiempo. Ninguno de ellos se atreve a salir siquiera un poco de su rutina programada y de su tarea."

"Tan solo el Poder Supremo dispone el flujo de la leche materna en los pezones de la madre antes del nacimiento del niño."

"Si tan solo el *jiva* (ser) aprendiera a rendirse única y totalmente al Poder Supremo, no tendría necesidad de preocuparse de nada en absoluto."

– Vishuddhanand Paramahansadeva (1853-1937)
Yogirajadhiraj Swami Vishuddhanand Paramahansadeva –
Vida y Filosofía
Casa editorial: Vishwavidyalaya Prakashan, Varanasi

"Las acciones no generan esclavitud. La esclavitud es tan solo la falsa noción, 'Yo soy el hacedor'. Deja a un lado este tipo de pensamientos y permítele al cuerpo y a los sentidos jugar su papel, sin impedimentos por tu interferencia."

"Uno debe darse cuenta de que uno no es el hacedor, pero que tan solo es una herramienta de un poder superior. Permite que el poder superior haga lo que es inevitable y permite que yo actúe exclusivamente de acuerdo a sus mandatos."

"La dificultad actual es que el hombre piensa que él es el hacedor. Pero éste es un error. El Poder Superior es el que hace todo y el hombre es solo una herramienta. Si él acepta esta posición él estará libre de problemas; de lo contrario, él los atraerá. Toma por ejemplo la figura en un gopuram (torre del templo), que aparenta llevar la carga de la torre sobre sus hombros. Su postura y su apariencia son una imagen que refleja una gran presión mientras lleva la muy pesada carga de la torre. Pero analiza la imagen. La torre está construida sobre la tierra y reposa sobre sus cimientos. Aunque la figura (como Atlas cargando la tierra) es parte de la torre, da la impresión de estar cargando la torre. ¿No es gracioso? Le sucede lo mismo al hombre que asume como propio el sentido de hacer."

— Ramana Maharshi (1879-1950)
Charlas con Sri Ramana Maharshi
Casa editorial: Sri Ramanasramam, Tiruvannamalai

"Es un hecho inalterable y universalmente reconocido desde tiempos inmemorables que Dios lo sabe todo, que Dios lo hace todo, y que nada sucede a menos que sea la Voluntad de Dios. Por lo tanto, es Dios quien me hace decir que yo soy un Avatar, y que cada uno de vosotros es un Avatar. Nuevamente, es Él quien se entretiene a través de algunos de nosotros, y se conmociona a través de otros. Dios es quien actúa, y Dios es quien reacciona. Es Él quien se burla, y Él quien responde. Él es el Creador, el Productor, el Actor y la Audiencia en Su propia Obra Divina."

"Donde no hay nada ¿quién es bueno y quién es malo? Solo existe Dios, el omnisciente y omnipresente. Él también está en ti. Él es infinitamente bondadoso. Él lo sabe todo. Él conoce todos tus pensamientos. Él sabe lo que pensarás en cincuenta años; y como Él es todo-poderoso ¿por qué no le pone un alto a tus pensamientos? ¿Por qué no usa Su poder para parar tus pensamientos? ¡Si piensas profundamente entenderás que Yo soy el único Hacedor del bien y del mal!

"No te preocupes. Lo que sucede en el mundo sucede según la Voluntad de Dios. ¡Incluso los pecados se cometen por la Voluntad de Dios!"

– Meher Baba (1894-1969)
Señor Meher
Casa editorial: MANifestation Inc., Carolina del Norte

"En consecuencia deberías llegar al entendimiento de que Él es la fuente de todo. Cualquier poder, cualquier destreza que tengas – de hecho, hasta tú mismo - ¿de dónde surge todo? ¿Y acaso todo no tiene como propósito encontrarlo a Él, destruir el velo de la ignorancia? Cualquier cosa que exista tiene su origen solo en Él. ¿Eres el amo de siquiera un simple respiro? Así Él te haga sentir de manera mínima que tienes libre albedrío, si entiendes que esta libertad debe ser usada para que aspires a la realización en Él, será para tu bien. Pero si te consideras el hacedor y que Dios está lejos, y si debido a su aparente lejanía, buscas la gratificación de tus deseos, es la acción equivocada. Deberías ver todas las cosas como manifestaciones de Él. Cuando reconoces la existencia de Dios, Él se te revelará compasivo o amable o misericordioso, de conformidad a tu actitud hacia Él en el momento – así como, por ejemplo, para la persona humilde Él se convierte en el Señor de los Humildes."

– Anandamayi Ma (1896 – 1982)

Una Diosa Entre Nosotros
Casa editorial: Yogi Impressions Books Pvt. Ltd., Mumbai

"En realidad las cosas se hacen a través tuyo, no son hechas por ti."

"Tu deseo simplemente sucede al mismo tiempo que la satisfacción o no satisfacción de este deseo. No puedes cambiar ninguno de los dos. Puedes creer que te empeñas, te esfuerzas y luchas. Nuevamente, todo esto simplemente sucede, incluyendo el fruto del trabajo. Nada es por ti ni para ti. Todo está en la película, expuesto en la pantalla del cine, nada en la luz, incluido lo que crees que eres, la persona. Tan solo eres la luz."

"El testigo es aquel que dice 'yo sé'. La persona dice 'yo hago'. Ahora, decir 'yo sé' no es falso – simplemente, es limitado. Pero decir 'yo hago' es completamente falso, porque no hay alguien que haga; todo sucede por sí solo, incluso la idea de ser un hacedor."

– Nisargadatta Maharaj (1897-1981)
Yo Soy Eso – Charlas con Sri Nisargadatta Maharaj
Casa editorial: Chetana (P) Ltd., Mumbai

"El mero sufrimiento existe,

   no se encuentra quien sufre;

las acciones son,

   pero no hay un hacedor de las acciones;

Nirvana es,

   pero no el hombre que entra en ella;

El camino es,

   *pero no se ve un viajero en él."**

– Gautama Buda

*Visuddhi Magga XVI, citado BD12, Budismo A a la Z, 'no yo',
compilado por Ronald Esptein.

RECONOCIMIENTOS

A mi madre Santosh, por ser la primera persona que revisa mis textos, y por su valioso aporte.

Agradezco a Michael Maxwell por su esfuerzo en la traducción de este libro al español. A Verónica Font, quien apoyó este proceso y proporcionó valiosas sugerencias y discernimiento. A Juan Manuel González y a Hope Maxwell Snyder, PhD (Literatura Medieval Española), por revisar la traducción, y a Sangeetha Kadam por coordinar y liderar este proyecto.

A Shiv Sharma, por la cuidadosa edición que hizo al manuscrito en inglés.

A Gary Roba, por su meticuloso direccionamiento y por sus pulidos ajustes al texto, y por su amistad.

A Rohit Arya, por haber sido la fuente a la que acudí para aclarar mis dudas en relación a este libro.

A mi hermana Nikki, por sus útiles sugerencias.

A los miembros de mi equipo – Girish Jathar y Sanjay Malandkar – quienes me han acompañado a través de los años, y por su ayuda con el formato y la autoedición del texto.

A Sankara Bhagavadpada, por identificar algunos temas prácticos de este libro relacionados con la enseñanza, que fue necesario ajustar, especialmente para el beneficio de los buscadores más jóvenes. A Cyrus Khambatta, Poonam Ahuja, Rohit Mehta y Sheetal Sanghvi, por ayudar con las referencias. Y a Priya Mehta, por el diseño de la portada.

Para obtener información sobre Ramesh Balsekar, visita:
www.rameshbalsekar.com

Para obtener información sobre Gautam Sachdeva, visita:
www.gautamsachdeva.com

Se puede contactar al autor al correo electrónico:
info@gautamsachdeva.com

Para mayor información, ponte en contacto con:
Yogi Impressions LLP
1711, Centre 1, World Trade Centre,
Cuffe Parade, Mumbai 400 005, India.

Regístrate en la Lista de Correos en nuestra
página web y recibe, vía correo electrónico, información
sobre libros, autores, eventos y más. Visita:
www.yogiimpressions.com

Teléfono: (022) 40115981, 22155036
Correo electrónico: yogi@yogiimpressions.com

 Únete en Facebook:
www.facebook.com/yogiimpressions

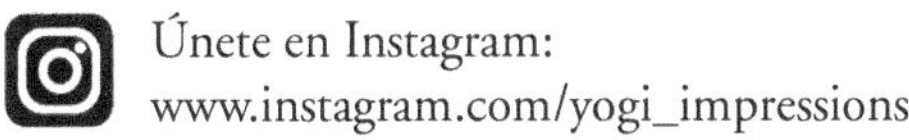 Únete en Instagram:
www.instagram.com/yogi_impressions

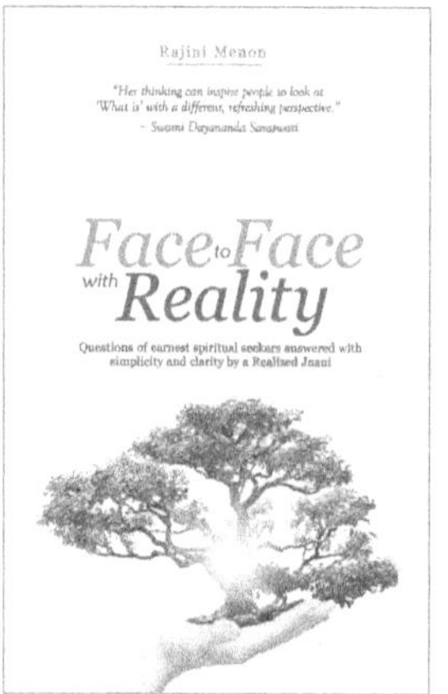

The Sacred India Tarot

Inspired by Indian Mythology and Epics

78 cards + 4 bonus cards + 350 page handbook

The Sacred India Tarot is truly an offering from India to the world. It is the first and only Tarot deck that works solely within the parameters of sacred Indian mythology – almost the world's only living mythology today.

www.ingramcontent.com/pod-product-compliance
Lightning Source LLC
Chambersburg PA
CBHW071753150726
47998CB00005B/1925